Mein Grundschulzeit Lapbook

Doreen Blumhagen

Kopiervorlagen zum Schneiden, Falten und Weitergestalten

Verlag an der Ruhr

Impressum

Titel
Mein Grundschulzeit-Lapbook
Kopiervorlagen zum Schneiden, Falten und Weitergestalten

Autorin
Doreen Blumhagen

Titelbildmotiv
Doreen Blumhagen

Verlag an der Ruhr
Mülheim an der Ruhr
www.verlagruhr.de

Geeignet für die Klassen 2–4

ISBN 978-3-8346-3580-8

Printed in Germany

Inhalt

Kopiervorlagen

Methodische und didaktische Hinweise

Wie entstanden Lapbooks?

Die ersten Lapbooks entstanden in der amerikanischen Homeschool-Bewegung. Dabei handelt es sich um eine besonders motivierende Möglichkeit für Schüler*, ihre Lern- und Arbeitsergebnisse zu einem Thema zu dokumentieren und zu präsentieren. Die Bezeichnung „Lapbook" bedeutet, dass die Mappe nur so groß ist, dass sie auf dem Schoß (engl. „lap") des Schülers Platz hat.

Was ist ein Lapbook?

Lapbooks sind individuelle Portfolios, die selbstständig von den Schülern erarbeitet werden. Es sind mehrmals aufklappbare Entdeckermappen, die viele verschiedene Minibücher mit Informationen zu einem Gesamtthema enthalten. Das Besondere daran ist, dass diese Minibücher z. B. zuerst aufgeklappt, gedreht oder durchgeblättert werden müssen, um die Informationen lesen zu können, wodurch die Neugier beim Lesenden geweckt wird. Solche Minibücher können z. B. kleine Hefte, Drehscheiben, Pop-up-Karten, Umschläge, Leporellos oder Faltbücher sein.

Diese werden von den Schülern selbstständig bastelnd, malend und schreibend zu den Teilthemen gestaltet. Dabei kann es sich z. B. um Zeichnungen, Geschichten, Diagramme, Grafiken, Landkarten oder Steckbriefe handeln.

Die fertigen Minibücher werden von den Schülern gesammelt und auf einen Tonkarton, meist in der Größe DIN A3, geklebt. Der Tonkarton selbst wird auf DIN-A4-Größe gefaltet. Auf diese Weise entsteht ein großes Buch mit vielen kleinen Büchern.

* Aus Gründen der besseren Lesbarkeit haben wir in diesem Buch durchgehend die männliche Form verwendet. Natürlich sind damit auch immer Frauen und Mädchen gemeint, also Lehrerinnen, Schülerinnen etc.

Wie kann ein Lapbook im Unterricht eingesetzt werden?

Thematisch können Lapbooks zu allen Sachthemen des Grundschulunterrichts angefertigt werden, bei denen Schüler selbstständig Informationen sammeln, erarbeiten und dokumentieren. Die Erarbeitung von Lapbooks ist leicht in die Werkstatt- oder Wochenplanarbeit integrierbar und kann fächerübergreifend eingesetzt werden.

Aber auch im lehrerzentrierten Unterricht können Lapbooks eine Bereicherung sein, indem in jeder Unterrichtsstunde einer Lerneinheit ein Minibuch zu einem Teilthema erstellt wird.

Je nach Thema können Lapbooks in Einzel-, Partner- oder Gruppenarbeit entstehen.

Was sind die Vorteile eines Lapbooks?

Durch die optische Besonderheit und den Bastelaspekt ist die Erstellung eines Lapbooks für die Schüler sehr **motivierend**, da sie die Möglichkeit haben, etwas Einzigartiges und Individuelles zu gestalten.

Die Schüler arbeiten **selbstständig** und setzen sich **vertieft** mit einem Thema auseinander.

Lapbooks ermöglichen es, Themen **differenziert und individuell** zu erarbeiten. So können leicht unterschiedliche Schwierigkeitsgrade durch Impulse und Aufgabenstellungen gesteuert werden. Die Schüler haben die Möglichkeit, Teilthemen auszuwählen und auf verschiedene Art und Weise zu präsentieren. Sie können leicht eigene Ideen einbringen.

Die Erstellung eines Lapbooks kann in **Einzel-, Partner- oder Gruppenarbeit** erfolgen und eignet sich dadurch auch sehr gut für den **inklusiven Unterricht.**

Bei der Präsentation eines Lapbooks wird aufgrund des interaktiven Aspekts die **Neugier** bei dem Betrachter geweckt, immer wieder etwas Neues zu entdecken.

Lapbooks sind nach der Erarbeitung auch ideal zum **Lernen und Wiederholen** von Inhalten. Durch die Klappen sind die Lösungen zunächst abgedeckt. Die Schüler nennen die Lösungen und können diese eigenständig durch das Öffnen überprüfen.

Durch die Minibücher können **viele Informationen** zu einem Thema **auf wenig Raum** präsentiert werden. Das Lapbook wird auf DIN-A4-Größe gefaltet und passt somit, im Gegensatz zu einem herkömmlichen Plakat, in jeden Hefter. Als praktisch hat sich dabei die Aufbewahrung in einer Prospekthülle erwiesen.

Welches Material wird für die Gestaltung eines Lapbooks benötigt?

Zum Start benötigt jeder Schüler einen farbigen DIN-A3-Karton, der als Umschlag des Lapbooks auf DIN-A4-Größe gefaltet wird. Je nach Umfang der Arbeitsergebnisse kann dieser Umschlag während der Gestaltung des Lapbooks leicht durch einen zusätzlichen DIN-A3-Karton oder Einzelklappen für weitere Minibücher erweitert werden.

Für die Gestaltung der Minibücher eignen sich verschiedene Faltvorlagen in DIN A4, die kopiert und den Schülern ausgehändigt werden können. Die Schüler haben jedoch auch die Möglichkeit, eigene Minibücher zu entwerfen. Für die Gestaltung der meisten Faltvorlagen benötigen die Schüler Kleber, Schere sowie Bunt- und Schreibstifte. Für Drehelemente werden außerdem oft Musterklammern eingesetzt. Es bietet sich zudem an, den Schülern ein Heftgerät mit Heftklammern zur Verfügung zu stellen.

Was muss für die Gestaltung eines Lapbooks vorbereitet werden?

Für die selbstständige Erarbeitung der Inhalte benötigen die Schüler Sachtexte, Lexika, Bilder usw. zu ihrem Thema. Zum Sammeln dieser Informationen sollten die Schüler ca. zwei Wochen Zeit bekommen. Hierzu bietet sich eventuell auch eine Einheit zur Recherche im PC-Raum an. Die anschließende Themenerarbeitung im Lapbook sollte durch Impulse gesteuert werden, jedoch genug Freiraum für eigene Ideen bieten.

Um den Schülern die Erstellung der Minibücher zu erleichtern, bietet es sich an, alle Vorlagen vorzubasteln und ihnen als Anschauungsbeispiel (ohne Inhalt) zur Verfügung zu stellen. Diese können auf einem Plakat oder in mehreren Lapbooks zentral im Klassenzimmer bereitgestellt werden.

Wie können Lapbooks präsentiert werden?

Aufgrund des interaktiven und entdeckenden Prinzips eines Lapbooks bietet sich die **mündliche Präsentation vor der Gesamtklasse** als Vortrag in einem Sitzkreis an. Idealer ist es, wenn sich die Schüler ihre Lapbooks in Partner- oder Kleingruppenarbeit vorstellen und „ausprobieren" können. Dazu klappen sie die einzelnen Elemente auf und betrachten sie gemeinsam. Dabei ist es möglich, Fragen an den Schüler zu stellen, der das Lapbook erarbeitet hat.

Es ist auch möglich, die Arbeitsergebnisse in einem **Museumsrundgang** auszustellen und zu präsentieren. Dazu werden die Lapbooks auf Tischen ausgelegt, die möglichst weit voneinander entfernt stehen. Auf diese Weise wird der Klassenraum zum Museum, das von den Schülern besichtigt wird. Anschießend bieten sich zwei verschiedene Präsentationsformen an:

1) Um das persönliche, entdeckende Lernen zu fördern, sehen sich die Schüler die Lapbooks in **Einzel- oder Partnerarbeit** an und wechseln nach einer vorgegebenen Zeit die Tische.
2) Wurde zuvor in Gruppen gearbeitet, ist es möglich, dass die einzelnen Lapbooks durch „Experten" in **Kleingruppen** präsentiert werden. Die Gruppen werden neu gemischt und so zusammengestellt, dass niemand innerhalb der Gruppe vorher zusammengearbeitet hat. Die Gruppe wandert nun von Tisch zu Tisch, um sich die Lapbooks anzuschauen. Der jeweilige Schüler, der daran mitgearbeitet hat, präsentiert als Experte den Inhalt des Lapbooks.

Wie können Lapbooks bewertet werden?

Ein Lapbook kann zum einen nur als Leistungsdokumentation des Lernstandes und der individuellen Entwicklung eingesetzt werden. Zum anderen ist jedoch auch möglich, es bewusst als Instrument für eine Leistungsbewertung zu wählen.

Da das Gestalten eines Lapbooks Zeit in Anspruch nimmt, sollte dieses sowohl prozess- als auch ergebnisorientiert bewertet werden. Wichtig dabei ist, dass die Kriterien für die Bewertung vorher genau festgelegt und den Schülern transparent erklärt werden. Aufgrund der Vielseitigkeit der Kompetenzen bieten sich die folgenden Kriterien an:

◎ Arbeitsverhalten

Die Erarbeitung eines Lapbooks geht prozessorientiert in die Bewertung ein. Hier spielen folgende Faktoren eine Rolle: Motivation, Selbstständigkeit, planvolles Vorgehen sowie konzentriertes und ausdauerndes Arbeiten.

◎ Gestaltung

Für eine ansprechende Gestaltung des Lapbooks ist es wichtig, dass die einzelnen Elemente sauber ausgeschnitten, gefaltet, geklebt, ausgemalt und beschrieben wurden. Im Fach Deutsch kann hier auch die Rechtschreibung einbezogen werden. Für das entdeckende Lernen sollten verschiedene Formate von Minibüchern ausgewählt und übersichtlich angeordnet sein, um bei dem Betrachter Neugier zu wecken. Eine besonders gute Gestaltung zeichnet sich außerdem durch eigene Bilder und Zeichnungen sowie das Einbringen eigener Ideen aus.

◎ Inhalt

Unabhängig vom jeweiligen Thema ist es wichtig, dass die Schüler die zu erarbeitenden Themen vollständig, sinnvoll und richtig darstellen. Je nach Freiheit bei der Auswahl der Themen kann ein bestimmtes gefordertes Fachwissen mit Punkten versehen werden oder Punkte auf die allgemeine Richtigkeit des Themas gegeben werden. Wichtig ist, dass das Lapbook beim Leser einen Wissenszuwachs erreicht und nicht nur Allgemeinwissen dargestellt wird. Wenn eigene Meinungen gefordert werden, sollte auch die Art und Weise der Begründung in die Bewertung eingehen. Eine besonders gute inhaltliche Erarbeitung zeichnet sich wiederum durch das Einbringen eigener Ideen aus.

◎ Selbstreflexion

Für die umfassende Bewertung und reflexive Auseinandersetzung mit den Arbeitsergebnissen sollte auch die Selbstreflexion der Schüler einbezogen werden. Durch diese dokumentieren die Schüler, inwieweit sie in der Lage sind, ihren Lernprozess wahrzunehmen. Sie erhalten dabei die Möglichkeit, Bewährtes bei neuen Projekten wieder einzubringen, sich durch das Einsehen von Fehlern weiterzuentwickeln und sich eigene Ziele zu setzen.

◎ Besondere Leistungen

Besondere Ideen im Inhalt, der Gestaltung und der Präsentation, aber auch besondere Leistungen im Arbeitsverhalten (z. B. anderen ohne Aufforderung zu helfen), können ebenfalls in die Bewertung einfließen und mit Zusatzpunkten positiv gewertet werden.

Hinweise zum Einsatz des „Grundschulzeit-Lapbooks"

Das Thema „Meine Grundschulzeit"

Mithilfe des vorliegenden Materials haben die Schüler die Möglichkeit, sich ein individuelles Lapbook als Erinnerung an ihre Zeit an der Grundschule zu gestalten.

Mit dem Abschied von der Grundschule beenden die Schüler einen wichtigen Abschnitt in ihrem bisherigen Leben. Mit diesem Lapbook können sie ein individuelles und attraktives Erinnerungsbuch gestalten, das sicher auch in vielen Jahren noch gern angeschaut wird.

Für die Gestaltung stehen den Schülern **27 verschiedene Faltvorlagen** mit thematischen Impulsen zur Verfügung, aus denen sie auswählen können.
Die Impulse regen die Schüler dazu an, sich mit verschiedenen Themen rund um ihre eigene Zeit an der Grundschule auseinanderzusetzen. Die Kinder dokumentieren besondere Ereignisse, beschreiben wichtige Personen, reflektieren eigene Vorlieben oder denken über ihre Zeit nach der Grundschule nach.

Durch die motivierende Form der Präsentation als Lapbook werden die Inhalte optisch aufgewertet. Die entstandene Mappe bietet dem Betrachter viele Überraschungseffekte und regt zum Entdecken, Lernen und Sprechen an.

Zur Verwendung der Kopiervorlagen

Da die Schüler sich ein persönliches Erinnerungsbuch erstellen sollen, bietet sich das Erarbeiten des Lapbooks in Einzelarbeit an. Für die Gestaltung **müssen etwa sechs bis zehn Unterrichtsstunden** eingeplant werden.
Als praktikabel hat es sich erwiesen, ab Beginn des 2. Schulhalbjahres wöchentlich eine **„Lapbookzeit"** zur Verfügung zu stellen, in der die Schüler an ihrem Lapbook arbeiten.
Es ist jedoch auch möglich, das sich jeder Schüler zum Abschluss ein Lapbook am Schuljahresende **in einer Projektwoche** erstellt.

Die fertigen Lapbooks können am letzten Schultag feierlich übergeben werden. Außerdem bietet es sich an, alle Lapbooks während der Abschlussfeier auszulegen, damit Eltern und Lehrer die Ergebnisse anschauen können. Besonders schön ist es für die Schüler, wenn Sie als Lehrer ebenfalls ein kleines Minibuch mit einer **persönlichen Widmung oder einen Rat für die weitere Zukunft** gestalten. Eine einfache Möglichkeit dafür findet sich ebenfalls in den Kopiervorlagen (siehe „Abschiedsbotschaften").

Außerdem können die Schüler Autogramme ihrer Mitschüler und Lehrer auf der Rückseite ihres Lapbooks sammeln.

Auf den Kopiervorlagen für die verschiedenen Minibücher finden die Schüler sowohl die **Faltanleitungen** als auch **thematische Impulse**.

Aufgrund der Vielseitigkeit dieser Impulse eignen sich die Materialien für ein **fächerübergreifendes Arbeiten**. Demnach können die Vorlagen in Deutsch, im Sachunterricht sowie in Ethik bzw. Religion gestaltet werden. Eventuell bietet sich dabei auch eine **Zusammenarbeit mit der Betreuung** an, die während der Grundschulzeit oft ebenfalls mit einem Portfolio arbeitet.

Aufgrund der Vielfalt der Kopiervorlagen ist es möglich, eine Vorauswahl zu treffen und den Schülern **Pflicht- und Wahlangebote** vorzugeben. Sie können Ihre Schüler aber auch frei aus allen Angeboten auswählen lassen. Für die Gestaltung eines Lapbooks aus einem DIN-A3-Karton sind etwa acht Minibücher notwendig. Diese Anzahl sollten Sie als Minimum vorgeben.

Benötigtes Zusatzmaterial

Für einzelne Vorlagen wird neben den Kopiervorlagen Zusatzmaterial benötigt. Dieses wird in der folgenden Gesamtübersicht der Angebote aufgeführt.

Übersicht der Kopiervorlagen

Allgemeine Vorlagen

Material	Beschreibung	Verwendungsmöglichkeiten	Benötigtes Zusatzmaterial
Symbole (S. 12)	Erklärung der Symbole auf den Kopiervorlagen	✔ Aushang im Klassenzimmer ✔ Erklärung zu Beginn der Arbeit	
Faltanleitung Lapbook (S. 13)	Anleitung zum Falten eines einfachen Umschlages für ein Lapbook	✔ Kopien für die Schülerhand ✔ gemeinsames Falten beim erstmaligen Gestalten eines Lapbooks	für jeden Schüler: → ein farbiger DIN-A3-Karton → ein farbiges DIN-A4-Blatt
Deckblatt (S. 14)	Vorlagen für das Deckblatt für Name, Grundschule, Besuch und Datum	✔ Kopien für die Schülerhand ✔ Vorlage als Beispiel ✔ nur Vorgabe der Kriterien (Name, Grundschule, Besuch, Datum), sonst freie Gestaltung durch die Schüler	

Faltvorlagen

Faltvorlage	Beschreibung	Inhaltliche Schwerpunkte	Zusatzmaterial (Lehrer)
Lustige Sprüche (S. 17)	Sprechblasenfächer	✔ Lustige Sprüche und Versprecher von Lehrern und Schülern während der Grundschulzeit dokumentieren ✔ Zeichen der direkten Rede anwenden	Musterklammern
Meine Auszeichnungen (S. 18)	Leporello mit Siegestreppe	✔ Wettbewerbserfolge auflisten ✔ Erfolge stichpunktartig beschreiben	
Meine Stärken in … (S. 19)	Flip-Flap	✔ besondere Fähigkeiten in den Fächern Deutsch und Mathematik reflektieren ✔ Klappen fachtypisch gestalten ✔ eigene Fächer ergänzen und reflektieren	
Mein schönster Moment (S. 20)	Drehscheibe mit vier Ausschnitten	✔ besondere Momente während der Grundschulzeit reflektieren ✔ je einen Moment für jedes Schuljahr auswählen ✔ Sätze schreiben und zeichnerisch gestalten	Musterklammern

Faltvorlagen

Faltvorlage	Beschreibung	Inhaltliche Schwerpunkte	Zusatzmaterial (Lehrer)
Mein Klassenlehrer/ Meine Klassen-lehrerin (S. 21)	Stufenbuch mit fünf Seiten	✔ Eigenschaften des Klassenlehrers in drei Worten beschreiben ✔ einen guten Rat notieren ✔ ein Bild malen oder ein Foto einkleben ✔ ein besonderes Erlebnis mit dem Klassenlehrer beschreiben	Heftgerät
Abschiedsbotschaften und Lehrerbotschaf-ten (S. 22–24)	Tasche mit Einsteck-Kärtchen	✔ Wünsche und Botschaften für ausgewählte Mitschüler formulieren ✔ Stärkung des Selbstbewusstseins durch das Wahrnehmen der Mitschülerbotschaften für die eigene Person ✔ Lehrerbotschaften können für jeden Schüler persönlich gestaltet werden und den Kindern z. B. mit einen besonderen Wunsch für die Zukunft mit auf den Weg gegeben werden	
Autogrammjäger (S. 25)	Ausschneidebogen für die Rückseite des Lapbooks	✔ Unterschriften der Mitschüler und Lehrer sammeln ✔ evtl. durch Fingerabdrücke ergänzen	evtl. abwaschbare Stempelfarbe
Mein Lieblings... (S. 26)	Flip-Flap mit Titelseite	✔ zu Oberbegriffen aus der Schulzeit passende Unterbegriffe finden	
Mein Star-Auftritt (S. 27)	Faltstern	✔ von einem persönlichen Auftritt während der Grundschulzeit berichten (Wann? Wo? Was? Zuhörer? Gefühle?)	
Adressbüchlein (S. 28/29)	Minibuch zum Einstecken	✔ Adressen von Mitschülern nach Vorgabe notieren: Name, Straße, Postleitzahl/Ort, Telefonnummer	
Meine Grundschule (S. 30)	Flügelklapp-Buch	✔ die eigene Grundschule anhand von Impulsfragen in Sätzen vorstellen	evtl. Foto der Schule
Mein erster Schultag (S. 31)	Schul-/Zuckertüten-Klappe	✔ eigene Schul-/Zuckertüte gestalten ✔ erste Eindrücke in der Schule reflektieren und beschreiben	
Unsere Klassenaus-flüge (S. 32/33)	Rucksack-Buch	✔ Steckbrief über Klassenausflüge ausfüllen, ✔ Ausflüge bewerten	Heftgerät
Meine Grundschulzeit (S. 34)	Leporello	✔ ein Akrostichon mit Assoziationen zum Impulswort „Grundschule“ schreiben	

Faltvorlage	Beschreibung	Inhaltliche Schwerpunkte	Zusatzmaterial (Lehrer)
Schnappschüsse (S. 35)	Tasche für Einsteckfoto	✔ besondere Fotos auswählen und aufbewahren ✔ Ereignisse notieren und begründen, warum es ein besonderes Foto ist	Fotos der Schüler
Selfie-Steckbrief (S. 36)	Handy-Klappe mit Steckbrief	✔ Selbstporträt zeichnen ✔ Steckbrief ausfüllen	
Meine Freunde (S. 37)	Blüte	✔ Eigenschaften mit Adjektiven beschreiben ✔ besonderes gemeinsames Erlebnis zeichnen oder erzählen ✔ Gründe für die Freundschaft formulieren	
Unsere Klassenfahrt (S. 38)	Dreiecks-Leporello	✔ mithilfe von Impulsfragen eigene Inhalte zur Klassenfahrt schreiben und gestalten	
Nach der Grundschule (S. 39)	Schmetterlings-Flip-Flap	✔ Gedanken und Gefühle über das kommende Schuljahr reflektieren ✔ Impulssätze beenden	
Besondere Erlebnisse (S. 40)	drei einfache Klappen	Vorgegebene Impulse individuell interpretieren und gestalten: ✔ Meine Banknachbarn ✔ Unser schönstes Pausenspiel ✔ Der lustigste Streich	
Das habe ich gelernt (S. 41)	Schriftrolle mit Halterung	✔ Gelerntes in den verschiedenen Schulfächern reflektieren und notieren	
Meine Klasse (S. 42)	verschließbares Klapp-Buch	✔ Eine Legende zum Klassenfoto anlegen (Namen)	Klassenfoto
Meine Zeit in der Betreuung (S. 43)	Buch mit Doppelklappe	✔ Steckbrief zur Betreuungszeit ausfüllen ✔ eigene Ideen über die Betreuungs-Zeit gestalten	
Meine Ziele für das neue Schuljahr (S. 44)	Blüte mit vier Klappen	✔ Ziele für das 5. Schuljahr formulieren	
So fühle ich mich (S. 45)	Register mit fünf Seiten	✔ eigene Gefühle über die erlebte Grundschulzeit reflektieren und begründen	Heftgerät
Interview mit mir (S. 46)	Fächer aus Rechtecken	✔ verschiedene Aspekte der Grundschulzeit anhand von Impulsfragen reflektieren ✔ Antworten im Satz formulieren	Musterklammern
Meine Zukunft (S. 47)	Kristallkugel-Buch	✔ sich eigene Zukunftsvorstellungen mithilfe vorgegebener Impulse bewusst machen	Heftgerät

Kopiervorlagen

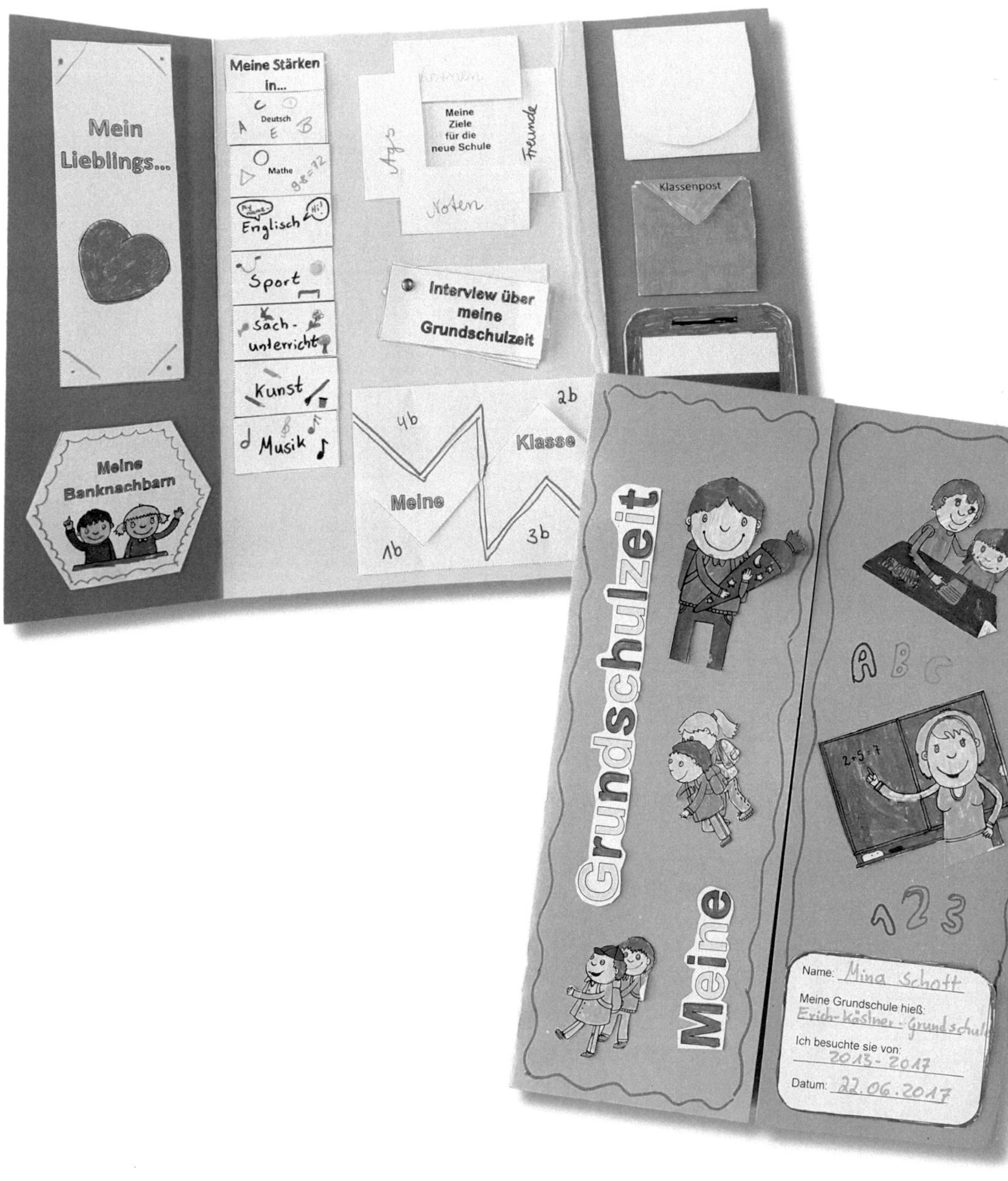

Symbole

Diese Symbole findest du auf den Materialien.
Sie bedeuten:

Schneide- und Faltvorlage:
Schneide die Vorlage aus und falte diese wie angegeben.
Schneidelinie: — — — — — —
Faltlinie: --

Klebe die Vorlage wie angegeben zusammen.

Bearbeite die Aufgabe und fülle das Minibuch entsprechend aus.

Foto:
Bei diesem Minibuch kannst du zur Erinnerung Fotos aus deiner Grundschulzeit einkleben. Wenn du kein Foto hast, kannst du stattdessen auch etwas zeichnen.

Viel Spaß!

Faltanleitung Lapbook

① Wähle dir einen farbigen DIN-A3-Tonkarton aus und falte ihn in der Mitte. Klappe ihn wieder auseinander.

② Falte beide Enden zur Mittellinie und wieder auseinander.

③ Wähle dir ein farbiges DIN-A4-Blatt aus und klebe es in die Mitte.

④ Klappe die beiden äußeren Seiten zu. Dein Lapbook ist fertig.

⑤ Wenn du während der Arbeit an deinem Lapbook feststellst, dass du mehr Platz benötigst, kannst du oben und unten noch weitere Klappen ankleben. Verwende dazu am besten Klebeband.

❻ Gestalte die Vorderklappen deines Lapbooks mit Namen und Titel. Du kannst dazu die Vorlagen („Deckblatt") verwenden oder die Klappen frei gestalten.

⑦ Klebe deine bearbeiteten Minibücher in den Innenteil deines Lapbooks. Lege aber vor dem Einkleben alle auf und überlege, wie du sie am besten verteilen könntest.

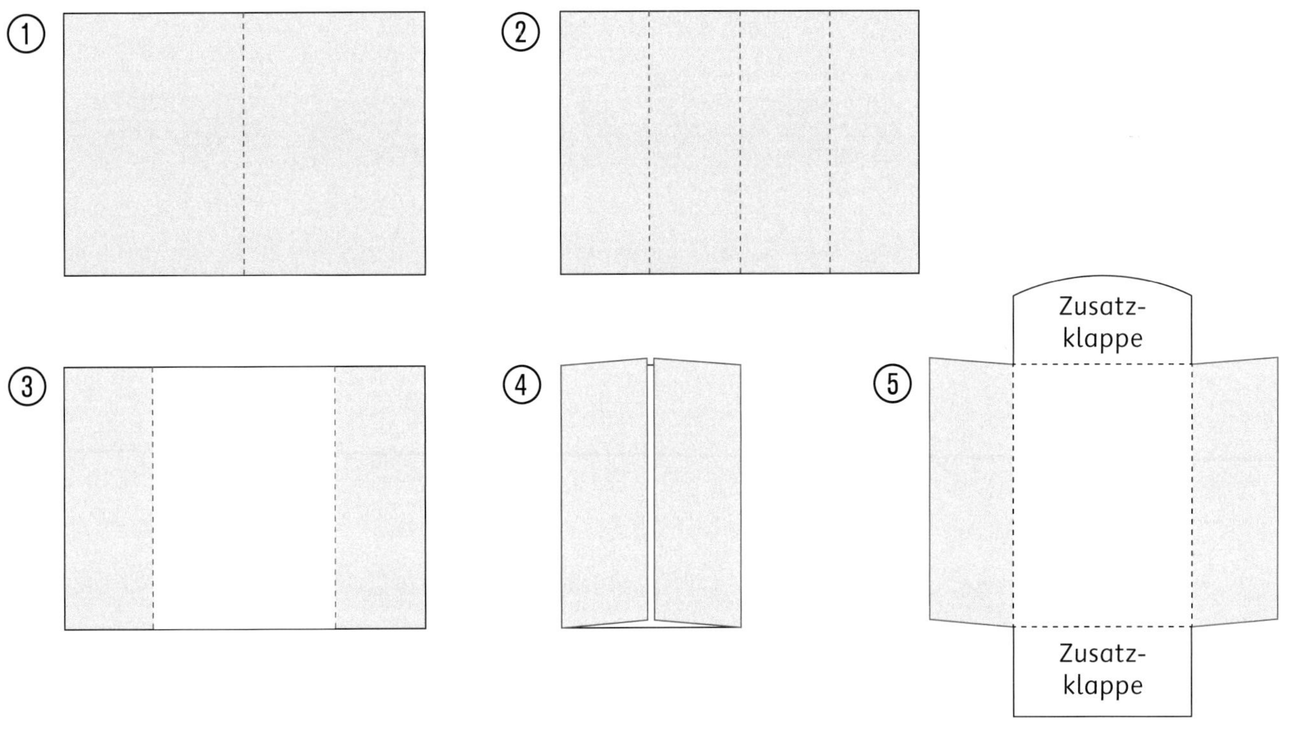

Deckblatt

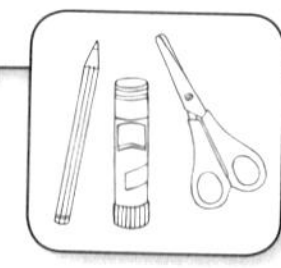

Diese Vorlagen kannst du für die Gestaltung deiner Titelseite verwenden.

① Schneide die Vorlage für Namen, Grundschule, Besuch und Datum aus und klebe sie auf die Vorderklappen deines Lapbooks.

❷ **Ergänze die Angaben mit deinen Daten.**

③ Wähle eine Schriftart für die Überschrift aus, mit der du deine Titelseite gestalten möchtest. Gestalte sie farbig, schneide sie aus und klebe sie auf dein Lapbook.

④ Gestalte deine Titelseite passend zu deiner Zeit an der Grundschule.

Tipp: Auf den einzelnen Faltvorlagen findest du Bilder für die Gestaltung deines Lapbooks. Du kannst aber auch Fotos von dir und deinen Mitschülern aufkleben, ausgeschnittene Bilder aus Zeitschriften verwenden oder selbst Bilder zeichnen.

Name: ....

Meine Grundschule hieß:

....

Ich besuchte sie von ....

bis ....**.**

Datum: ....

Meine

Grundschulzeit

Meine

Grundschulzeit

So ist mein Grundschulzeit-Lapbook

Name: .... **Klasse:** .... **Datum:** ....

Schätze ein, wie du die einzelnen Aufgaben erfüllt hast.

Ich habe ausdauernd und selbstständig gearbeitet.	☺	😐	☹
Ich habe sauber und ordentlich gearbeitet.	☺	😐	☹
Ich habe mindestens acht Minibücher bearbeitet.	☺	😐	☹
Ich habe eigene Texte über meine Grundschulzeit geschrieben.	☺	😐	☹
Ich habe verschiedene Erinnerungen über meine Grundschulzeit eingebracht.	☺	😐	☹
Ich habe eigene Ideen und Bilder eingebracht.	☺	😐	☹

Das ist mir schwergefallen:

....

....

....

Das ist mir leichtgefallen:

....

....

Das gefällt mir besonders gut an meinem Lapbook:

....

....

So gefällt mir mein Lapbook insgesamt: ☺ 😐 ☹

Bewertung deines Grundschulzeit-Lapbooks

Name: .... **Klasse:** .... **Bearbeitungszeitraum:** ....

	Punkte	Bemerkungen
1. Arbeitsverhalten		
Du hast selbstständig, planvoll, konzentriert und ausdauernd gearbeitet.	/4	
2. Gestaltung		
Du gestaltest dein Lapbook ansprechend (sauber ausgeschnitten, gefaltet, geklebt, gemalt, geschrieben).	/5	
Du fügst eigene Bilder/Zeichnungen und Ideen ein.	/2	
Du ordnest deine Minibücher übersichtlich an und wählst verschiedene Formate aus.	/2	
Du achtest auf deine Rechtschreibung.	/2	
3. Inhalt		
Du stellst die Informationen vollständig, sinnvoll und richtig dar (1 Punkt pro Minibuch).	/8	
Du ergänzt eigene Inhalte.	/2	
Du erreichst beim Leser einen Wissenszuwachs.	/1	
Du begründest deine Aussagen logisch.	/1	
4. Selbstreflexion		
Du hast deine Arbeit an deinem Lapbook richtig eingeschätzt.	/2	

Das war besonders toll:	**Gesamtbewertung:** /29 Punkte **Note:** ....

Unterschrift der Eltern: ....

Lustige Sprüche

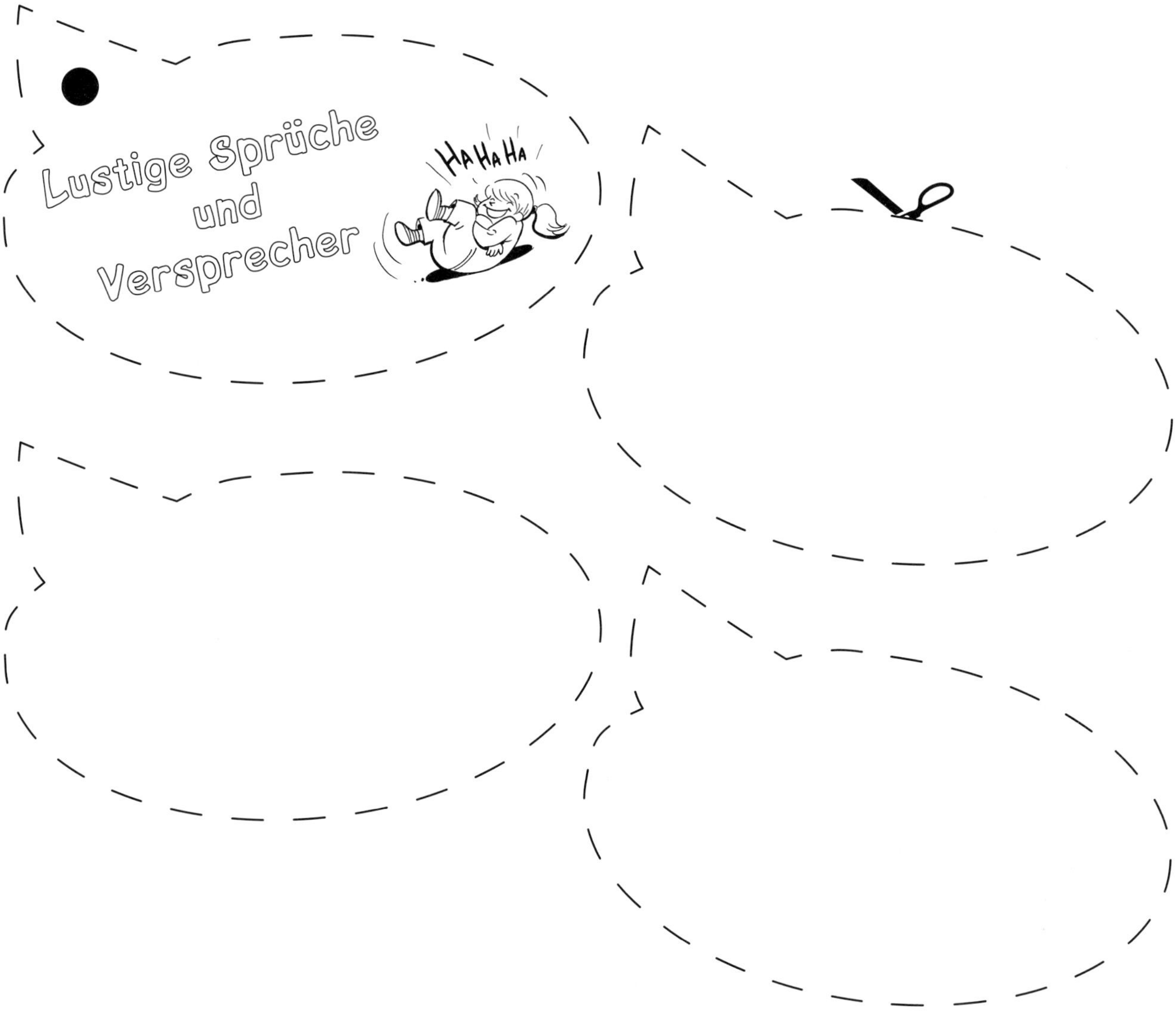

① Schneide die Sprechblasen an den Schneidelinien aus.

② Lege alle Sprechblasen aufeinander. Die Titelseite liegt oben.

③ Stich den schwarzen Kreis vorsichtig mit einem spitzen Bleistift ein.

④ Verbinde die Seiten mit einer Musterklammer zu einem Fächer.

❺ Erinnere dich an lustige Sprüche oder Versprecher von deinen Mitschülern oder Lehrern während deiner Grundschulzeit.

❻ Schreibe immer einen Spruch auf eine Sprechblase. Wenn du noch weißt, wer es gesagt hat, kannst du auch den Namen dazuschreiben. Denke daran, bei Zitaten Anführungs- und Schlusszeichen zu setzen. Beispiel: „Ich habe keine Hausaufgaben, weil mein Hund sie gefressen hat."

⑦ Klebe den Sprechblasenfächer auf dein Lapbook.

Meine Auszeichnungen

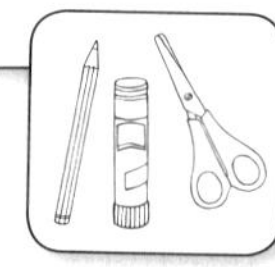

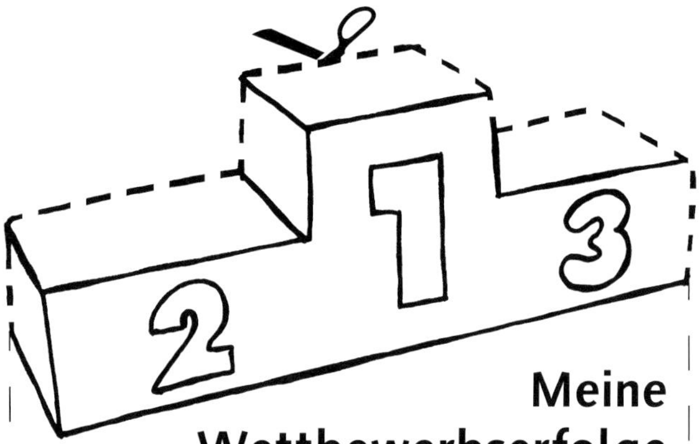

Meine Wettbewerbserfolge

Wettbewerb:

Klassenstufe:

Meine Platzierung:

Wettbewerb:

Klassenstufe:

Meine Platzierung:

Wettbewerb:

Klassenstufe:

Meine Platzierung:

Wettbewerb:

Klassenstufe:

Meine Platzierung:

Wettbewerb:

Klassenstufe:

Meine Platzierung:

Wettbewerb:

Klassenstufe:

Meine Platzierung:

① Schneide die Vorlage an der Schneidelinie aus.

② Falte die Faltlinien wie bei einem Leporello abwechselnd nach oben und nach unten.

❸ **Vielleicht hast du in den Klassen 1 bis 4 an besonderen Wettbewerben teilgenommen (Lesen, Rechnen, Sport ...). In dieses Leporello kannst du deine Platzierungen eintragen.**

❹ **Schreibe in jedes Feld,**
- **welcher Wettbewerb es war,**
- **in welcher Klassenstufe du den Preis erhalten hast,**
- **welchen Platz du erreicht hast.**

Tipp: Du kannst ganz leicht die letzten Felder abschneiden, wenn du keinen Eintrag mehr hast. Wenn du mehrere Preise gewonnen hast, kannst du auch die Rückseite des Leporellos nutzen.

⑤ Klebe dein Leporello mit der Rückseite auf dein Lapbook.

Meine Stärken in ...

Meine Stärken in ...

Deutsch

Mathe

(Klebefläche Lapbook)

① Schneide die Vorlage an der Schneidelinie aus.

② Schneide die Klappen an den Schneidelinien ein und falte sie nach hinten.

③ Falte die Überschrift „Meine Stärken in …“ an der Faltlinie nach hinten und klebe sie fest.

❹ Überlege dir, was du besonders gut in den Fächern Deutsch und Mathematik kannst. Was fällt dir besonders leicht oder was macht dir am meisten Spaß in diesem Fach? Schreibe es unter die Klappen.

❺ Gestalte die Klappen passend zum Fach.

❻ Fülle die leeren Klappen mit deinen anderen Unterrichtsfächern.

⑦ Klebe dein Klapp-Buch mit der Rückseite auf dein Lapbook.

Mein schönster Moment

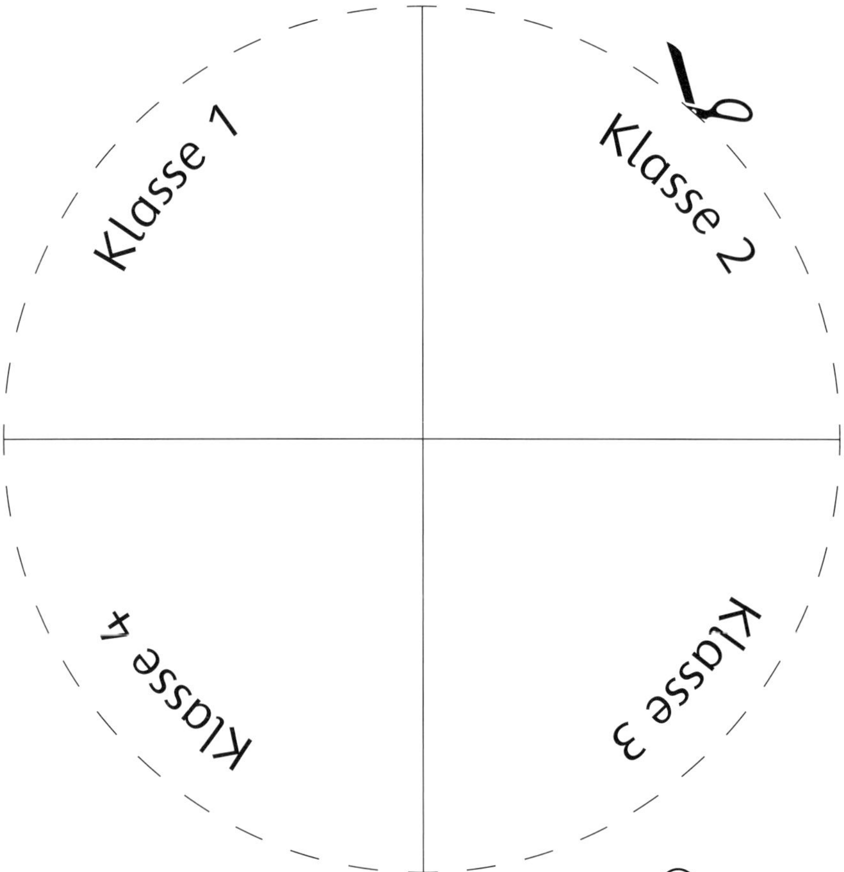

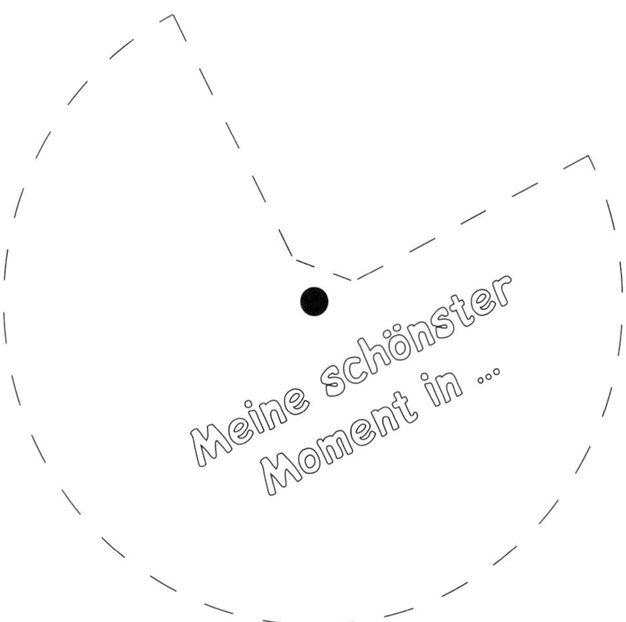

① Schneide die Kreise an den Schneidelinien aus.

② Lege den kleinen Kreis mittig auf den großen Kreis.

③ Stich den schwarzen Punkt ein und verbinde beide Kreise mit einer Musterklammer.

❹ Erinnere dich an besonders schöne Momente während deiner Grundschulzeit.

❺ Wähle für jede Klasse den schönsten Moment aus.

❻ Schreibe einen Satz oder male die schönsten Momente.

⑦ Klebe den Drehkreis mit der Rückseite auf dein Lapbook. Achte darauf, dass sich der Kreis drehen lässt.

Mein Klassenlehrer/Meine Klassenlehrerin

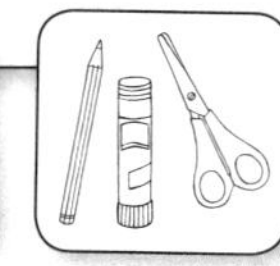

Meine Klassenlehrerin heißt:

....

Mein Klassenlehrer heißt:

....

2. Seite

In drei Worten

3. Seite

Der beste Rat

5. Seite

Ein Bild

4. Seite

Das schönste Erlebnis

① Schneide alle Vorlagen an den Schneidelinien aus.

② Wähle die Titelseite. Lege die Seiten in der richtigen Reihenfolge am oberen Bogen untereinander und verbinde sie mit einem Heftgerät.

❸ **Ergänze auf jeder Seite die Angaben:**

- **Wie heißt dein Klassenlehrer/deine Klassenlehrerin?**
- **Welche drei Worte beschreiben ihren oder seinen Charakter?**
- **Welchen Rat hat er oder sie dir gegeben?**
- **Erzähle ein besonderes Erlebnis mit deinem Klassenlehrer.**
- **Male ein Bild oder klebe ein Foto von deinem Klassenlehrer auf.**

④ Klebe dein Stufen-Buch mit der Rückseite auf dein Lapbook.

© Verlag an der Ruhr | Autorin: Doreen Blumhagen | ISBN 978-3-8346-3580-8 | www.verlagruhr.de

Abschiedsbotschaften (1/2)

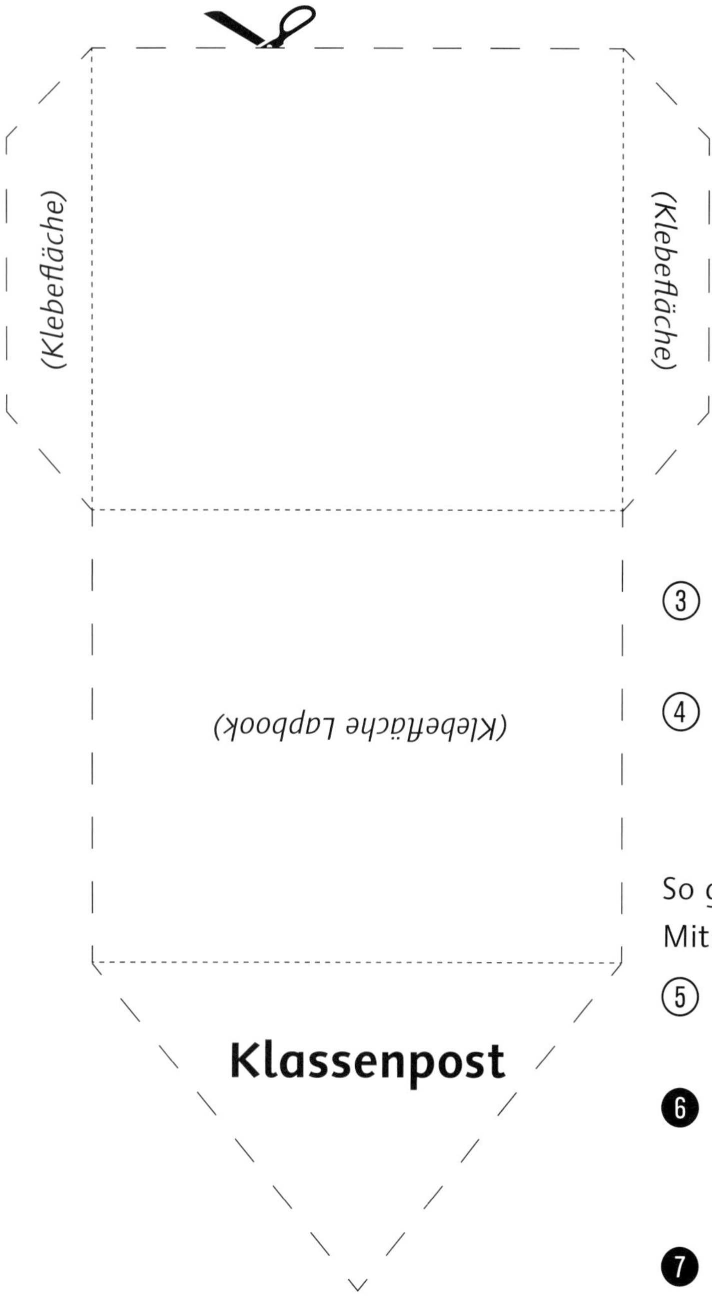

In diesem Umschlag kannst du die Botschaften aufbewahren, die dir deine Mitschüler oder Lehrer geschrieben haben.

① Schneide den Briefumschlag an der Schneidelinie aus.

② Falte alle Faltlinien nach hinten und klebe den Umschlag zusammen.

③ Falte die Klappe nach vorn, um den Briefumschlag zu schließen.

④ Klebe den Umschlag mit der Rückseite auf dein Lapbook.

So gestaltest du die Botschaften für deine Mitschüler:

⑤ Schneide die Karten an den Schneidelinien aus.

❻ **Überlege, wem du gerne eine Erinnerungsbotschaft für sein Lapbook schreiben möchtest.**

❼ **Wähle dir ein Kärtchen aus und ergänze die Sätze für die ausgewählten Personen. Schreibe auch deinen Namen auf die Karte. Auf die Rückseite kannst du ein Bild malen oder ein Foto von dir kleben.**

❽ **Verschenke die Karten an deine Mitschüler.**

Tipp: Bitte deine Mitschüler oder deine Lehrer, Erinnerungskärtchen für dein eigenes Lapbook zu schreiben.

Abschiedsbotschaften (2/2)

Was ich dir schon immer einmal sagen wollte: Dein/e	Das wünsche ich dir für deine Zukunft: Dein/e	Das war unser schönstes gemeinsames Erlebnis: Dein/e
Was ich an dir toll finde: Dein/e	Ich konnte mit dir immer … Dein/e	Das dachte ich, als ich dich zum ersten Mal sah: Dein/e
Ich würde mich freuen, wenn … Dein/e	Du warst während unserer Grundschulzeit mein bester Freund, weil … Dein/e	Du warst während unserer Grundschulzeit meine Freundin, weil … Dein/e
Danke! Du hast mir geholfen, als … Dein/e	Wenn ich dich in drei Worten beschreiben müsste: - - - Dein/e	Ich danke dir dafür, dass … Dein/e

Abschiedsbotschaften (Lehrervorlage)

Autogrammjäger

① Schneide die Vorlage an der Schneidelinie aus und klebe sie auf die Rückseite deines Lapbooks.

❷ **Bitte deine Mitschüler und Lehrer, zur Erinnerung darauf zu unterschreiben.**

❸ **Wenn du möchtest, kannst du dir von deinen Mitschülern und Lehrern außer der Unterschrift auch einen Fingerabdruck geben lassen.**

Meine Mitschüler:

Meine Lehrer:

Mein Lieblings...

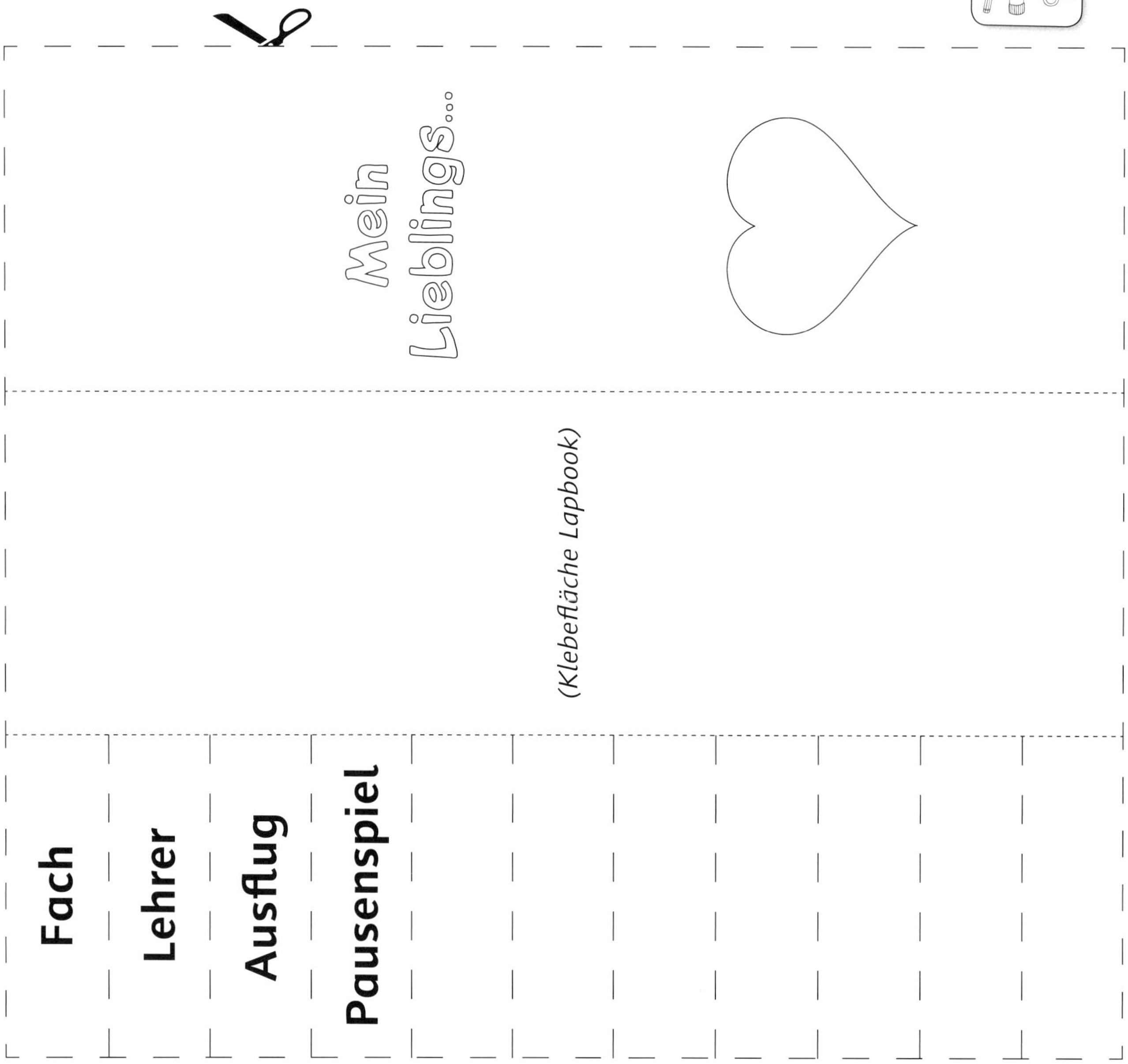

1. Schneide die Vorlage an der Schneidelinie aus.
2. Schneide die Linien ein und falte die Klappen nach hinten.
3. Falte die Titelseite über die kleinen Klappen.
4. **Schreibe zu den Oberbegriffen, was du besonders magst. Klappe dazu die Begriffe einzeln auf und schreibe die Antwort auf die Rückseite.**
5. **Überlege dir weitere Oberbegriffe für deine Schulzeit und was du davon besonders gern magst (Beispiele: Pausenfrühstück, Projekt, AG, Spiel in Sport, Ferien, Pause, Klassendienst ...).**
6. Klebe das Flip-Flap mit der Rückseite auf dein Lapbook.

Mein Star-Auftritt

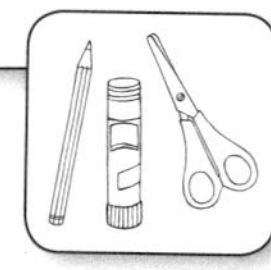

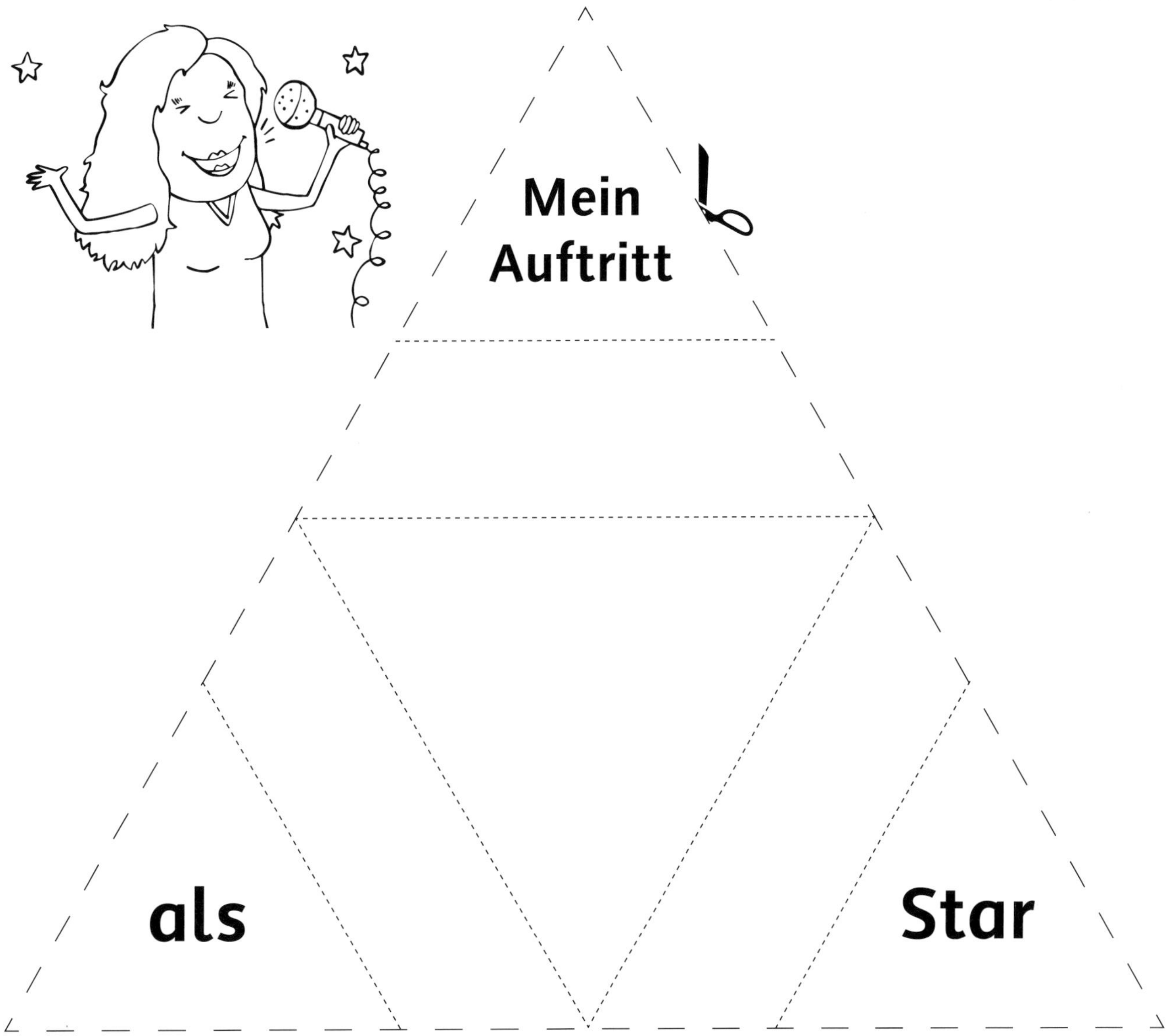

1. Schneide das Dreieck an der Schneidelinie aus.
2. Falte eines der Dreiecke an der innersten Line nach innen. Falte dann das kleinere Dreieck an der Faltlinie nach außen.
3. Wiederhole Punkt zwei bei den anderen beiden Dreiecken.
4. **Erinnere dich an einen Auftritt, bei dem du deine Fähigkeiten vor Publikum unter Beweis stellen konntest.**
5. **Berichte in der Innenseite des Sterns von deinem Auftritt:**
   - **Wann und wo fand er statt?**
   - **Was hast du gemacht?**
   - **Wer hat zugeschaut?**
   - **Wie hast du dich dabei gefühlt?**
6. **Gestalte die Rückseiten der Zacken passend zu deinem Auftritt.**
7. Klebe den Stern mit der Rückseite auf dein Lapbook.

Adressbüchlein (1/2)

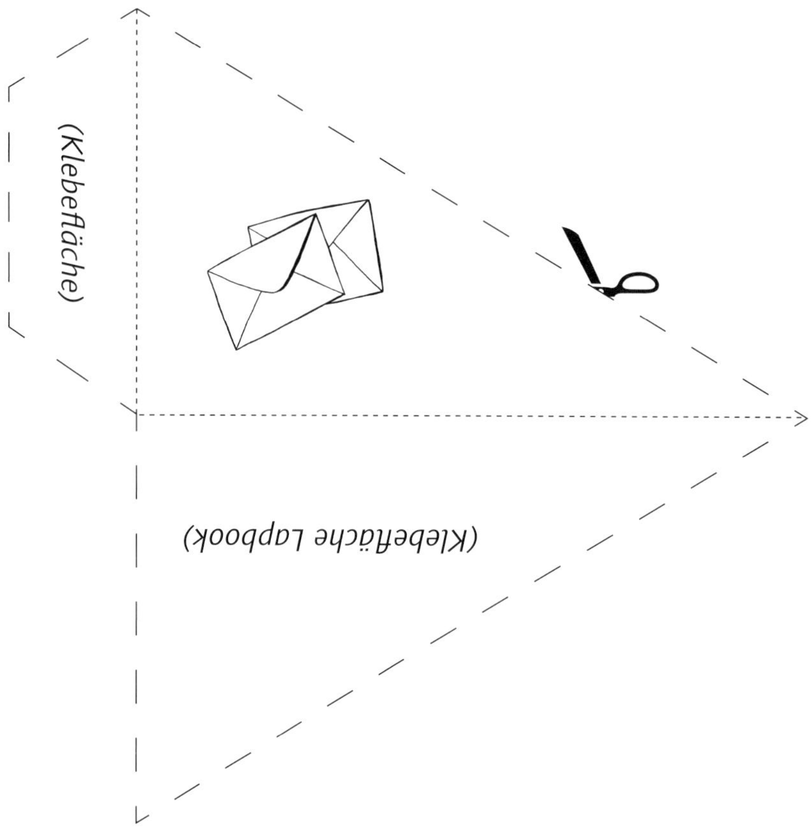

① Schneide die Seiten des Adressbüchleins (2/2) an den Schneidelinien aus.

② Falte zuerst alle Seiten an den Faltlinien.

③ Schneide die schwarze Fläche auf der oberen Buchseite weg. Es entsteht ein Schlitz.

④ Schneide nun die Schneidelinien an den anderen Seiten ein. Öffne die Seiten und lege sie aufeinander. Der Titel „Wichtige Kontakte“ muss oben liegen.

⑤ Biege die Seiten leicht und stecke sie durch den Schlitz der oberen Seite.

⑥ Schneide die Einstecktasche für dein Lapbook aus.

⑦ Falte die Klebeflächen an den Faltlinien nach hinten und klebe sie auf die Rückseite des Dreiecks.

⑧ Klebe die Einstecktasche auf dein Lapbook und bewahre dein Adressbuch darin auf.

❾ **Schreibe auf die leeren Seiten deines Adressbüchleins die Adressen deiner Mitschüler, mit denen du auch nach dem Schulwechsel noch Kontakt haben möchtest.**
Folgende Angaben sind dafür wichtig:
Name:
Straße:
Postleitzahl/Ort:
Telefonnummer:

Adressbüchlein (2/2)

Wichtige Kontakte

Meine Grundschule

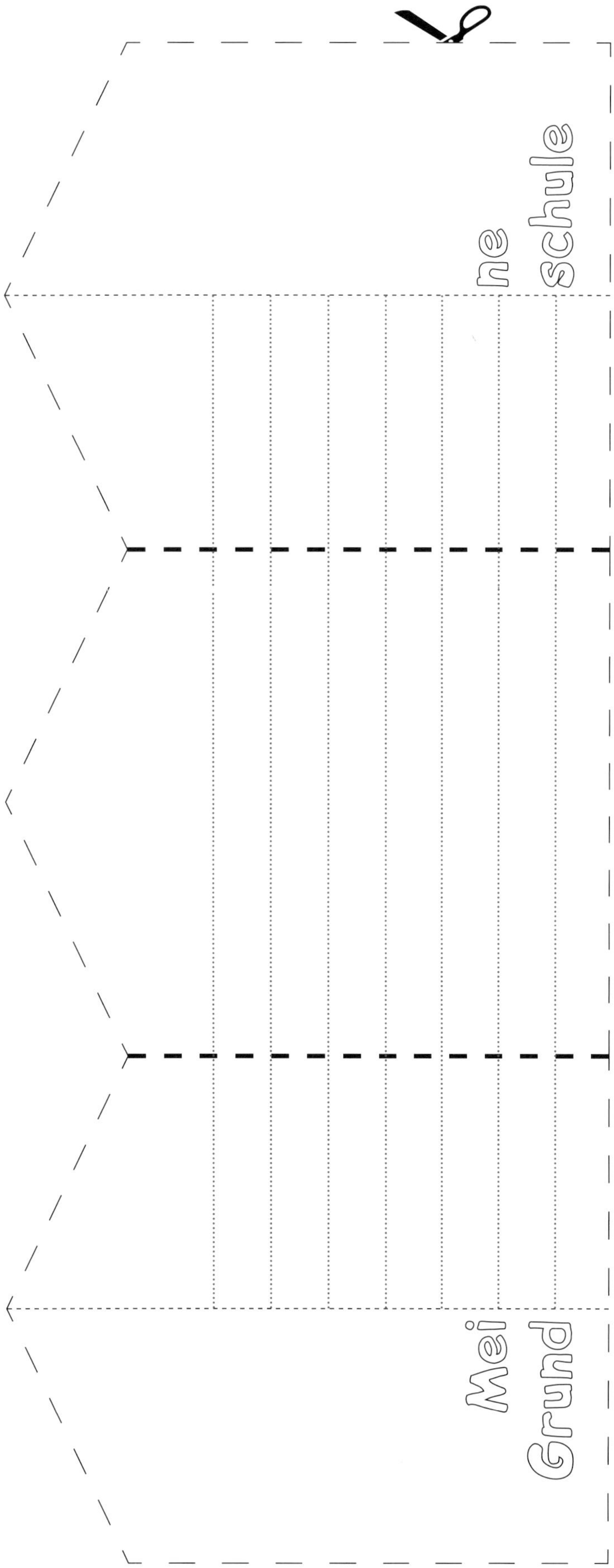

① Schneide die Vorlage an der Schneidelinie aus.

② Falte die beiden dicken Faltlinien nach innen.

③ Falte nun die äußeren Faltlinien nach außen, sodass die Schrift oben zu sehen ist. Du kannst jetzt „Meine Grundschule“ lesen.

❹ **Schreibe in das geöffnete Buch wichtige Informationen über deine Grundschule. Du kannst zum Beispiel folgende Fragen in Sätzen beantworten:**
- **Wie heißt deine Schule?**
- **In welchem Ort ist sie?**
- **Wie viele Klassen gibt es?**
- **Wie viele Schüler besuchen die Schule?**
- **Wie viele Lehrer unterrichten hier?**
- **Wie viele Räume gibt es?**
- **Wie kommst du zur Schule?**
- **Was findest du toll an deiner Schule?**

❺ **Male deine Grundschule auf die Titelseite oder klebe ein Foto auf. Achtung: Du musst dein Foto in der Mitte zerschneiden, damit du das Buch öffnen kannst.**

⑥ Klebe das Faltbuch mit der Rückseite auf dein Lapbook.

Mein erster Schultag

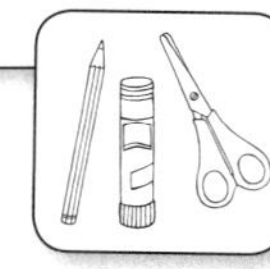

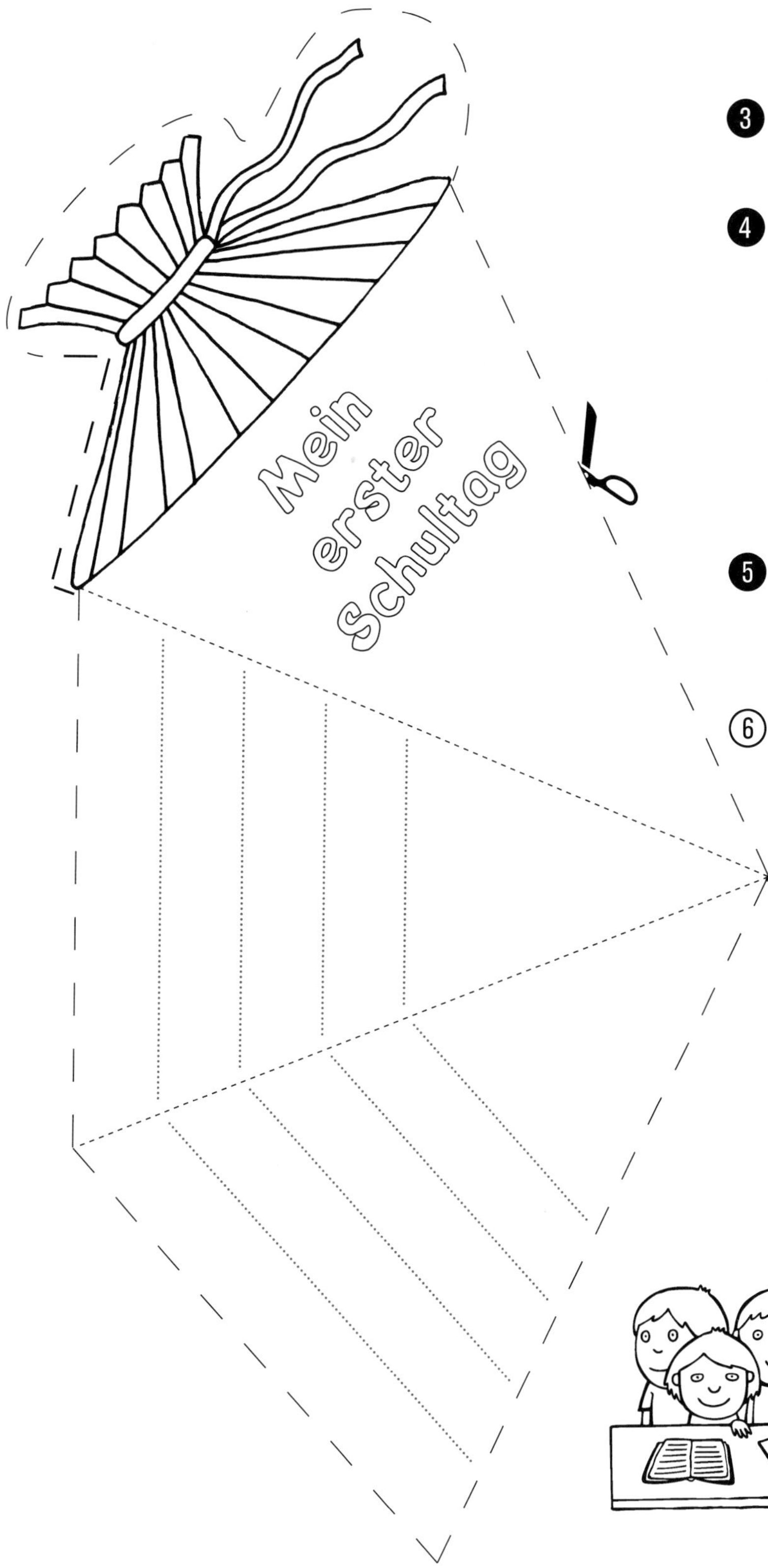

① Schneide die Vorlage an der Schneidelinie aus.

② Falte die Tüten an den Faltlinien wie ein Leporello nach vorn und nach hinten.

❸ Beschreibe auf der ersten Innenseite deinen ersten Schultag.

❹ Überlege dir, wie du die zweite Seite gestalten kannst. Du kannst zum Beispiel von deinem ersten Tag an der Schule erzählen, dich in deinem Festkleid zeichnen, deine Geschenke aufschreiben …

❺ Erinnere dich, wie deine Tüte aussah. Male sie auf das Deckblatt.

⑥ Klebe deine Tüte mit der Rückseite auf dein Lapbook.

Unsere Klassenausflüge (1/2)

Unser Ausflug nach

....

Wann? Klassenstufe?

....

Was haben wir gemacht?

....

Meine Wertung:

☆ ☆ ☆

Unser Ausflug nach

....

Wann? Klassenstufe?

....

Was haben wir gemacht?

....

Meine Wertung:

☆ ☆ ☆

Unser Ausflug nach

....

Wann? Klassenstufe?

....

Was haben wir gemacht?

....

Meine Wertung:

☆ ☆ ☆

Unsere Klassenausflüge (2/2)

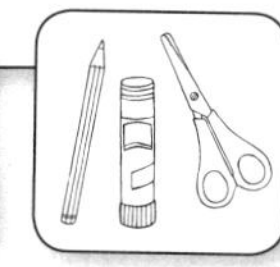

Unser Ausflug nach

....

Wann? Klassenstufe?

....

Was haben wir gemacht?

....

Meine Wertung:

☆ ☆ ☆

Unser Ausflug nach

....

Wann? Klassenstufe?

....

Was haben wir gemacht?

....

Meine Wertung:

☆ ☆ ☆

① Schneide alle Vorlagen an der Schneidelinie aus.

② Lege alle Seiten übereinander. Die Titelseite muss oben liegen.

③ Hefte die Seiten am schwarzen Strich zusammen.

❹ **Erinnere dich an eure Ausflüge und Wandertage während deiner Grundschulzeit und ergänze zu den schönsten Ausflügen einen Steckbrief.**

❺ **Gestalte die Rückseiten immer passend zum Ausflug. Du kannst zum Beispiel**
- **aufschreiben, was dir an dem Ausflug besonders gut gefallen hat,**
- **ein Bild dazu zeichnen oder ein Foto einkleben.**

❻ **Weißt du noch, wie dir der Ausflug gefallen hat? Bewerte den Ausflug mit ☆, ☆☆ oder ☆☆☆. Male dazu die richtige Anzahl der Sterne aus.**

⑦ Klebe dein Reisebüchlein mit der Rückseite auf dein Lapbook.

Meine Grundschulzeit

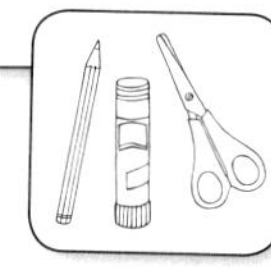

Meine Grundschulzeit

R

U

N

D

S

C

H

U

L

E

① Schneide das Leporello an der Schneidelinie aus.

② Falte die einzelnen Seiten abwechselnd an den Faltlinien nach hinten und nach vorn. Die Überschrift „Meine Grundschulzeit" muss oben liegen.

❸ **Was fällt dir spontan ein, wenn du an deine Zeit an der Grundschule denkst? Schreibe zu jedem Buchstaben ein passendes Wort, zum Beispiel:**

Reiterhof-Ausflug
Unterricht
N...

④ Klebe das Leporello mit der Rückseite des Buchstaben E auf dein Lapbook.

Tipp: Biege dein zusammengefaltetes Leporello einmal in der Mitte. Dann hält es besser zusammen.

Schnappschüsse

Meine schönsten Schnappschüsse

(nach hinten falten und auf der Rückseite festkleben)

(nach hinten falten und auf der Rückseite festkleben)

(Klebefläche Lapbook)

① Schneide die Vorlage an der Schneidelinie aus.

② Falte beide Klappen an den Faltlinien nach außen. Klebe sie an der Rückseite fest.

❸ **Hast du besondere Fotos aus deiner Grundschulzeit gesammelt? Bewahre sie in dieser Tasche auf.**

❹ **Schreibe auf die Rückseite der Fotos, wer darauf abgebildet ist und warum es ein besonderer Schnappschuss für dich ist.**

⑤ Klebe die Tasche mit der Rückseite auf dein Lapbook.

Selfie-Steckbrief

Ich heiße

Ich wohne in

Meine Schule heißt

Ich gehe in die Klasse

Mein/e Klassenlehrer/in heißt

Das finde ich toll an der Schule:

Ich über mich

1. Schneide die Handy-Vorlage an der Schneidelinie aus.
2. Falte das Handy an der Faltlinie zu einer Klappe.
3. **Male auf das Display ein „Selfie" (ein Bild von dir).**
4. Schneide die Steckbrief-Vorlage „Ich über mich" aus und klebe sie in die Innenseite deines Handys.
5. **Fülle den Steckbrief aus.**
6. Klebe das Handy mit der Rückseite auf dein Lapbook. Du kannst es auch auf deine Titelseite kleben.

Meine Freunde

① Schneide die Vorlage an der Schneidelinie aus.

② Falte die Blütenblätter nacheinander an den Faltlinien nach innen.

❸ **Schreibe auf jedes Blütenblatt den Namen eines deiner Freunde. Tipp: Wenn du weniger Freunde beschreiben möchtest, kannst du einfach Blütenblätter abschneiden.**

❹ **Gestalte jedes Blütenblatt passend zu deinem Freund/deiner Freundin.**

Du kannst zum Beispiel

- **die Eigenschaften, die du an deinem Freund besonders magst, mit Adjektiven beschreiben (ehrlich, mutig, gerecht ...),**
- **ein gemeinsames Erlebnis zeichnen oder erzählen,**
- **begründen, warum er/sie dein Freund/deine Freundin ist.**

⑤ Klebe die Blüte mit der Rückseite auf dein Lapbook.

Unsere Klassenfahrt

① Schneide die Vorlage an der Schneidelinie aus.

② Falte die Dreiecke an den Faltlinien nach hinten.
Die Titelseite muss oben liegen.

Unsere
Klassenfahrt
nach

(Klebefläche Lapbook)

❸ Gestalte jedes Dreieck passend zu eurer Klassenfahrt.
Folgende Fragen können dir helfen, Ideen zu finden:

- **Wohin und wann seid ihr gefahren?**
- **Welche Tagesausflüge habt ihr gemacht?**
- **Wie war eure Unterkunft?**
- **Was hat dir am besten gefallen?**
- **Wer ist mitgefahren (Schüler, Lehrer …)?**
- **Wer war alles auf deinem Zimmer?**
- **Was habt ihr gespielt?**
- **Wie war das Wetter?**
- **Welches Souvenir hast du mitgebracht?**
- **Welches Erlebnis war besonders traurig, lustig, spannend …?**

④ Klebe das zusammengefaltete Dreieck mit der Rückseite auf dein Lapbook.

Nach der Grundschule

Diese Fragen gehen mir durch den Kopf:

Ich bin startklar für Klasse 5, weil …

Nach der Grundschule gehe ich …

(Klebefläche Lapbook)

Das hoffe ich:

Davor habe ich etwas Angst:

① Schneide die Vorlage an der Schneidelinie aus.

② Schneide die beiden Schneidelinien ein.

③ Falte alle fünf Klappen nach innen.

❹ **Was denkst oder fühlst du, wenn du an das nächste Schuljahr denkst? Ergänze die Satzanfänge unter den Klappen.**

⑤ Klebe das Klapp-Buch mit der Rückseite auf dein Lapbook.

Besondere Erlebnisse

Du hast auf deinem Lapbook noch Platz für ein kleines Minibuch? Hier findest du Ideen:

① Schneide deine ausgewählte Form an der Schneidelinie aus.

② Falte die Form an der Faltlinie.

❸ **Schreibe auf der Rückseite etwas zu den vorgegebenen Überschriften.**

④ Klebe deine Form mit der Rückseite der kleineren Fläche auf dein Lapbook.

(Klebefläche Lapbook)

Der lustigste Streich

(Klebefläche Lapbook)

Unser schönstes Pausenspiel

(Klebefläche Lapbook)

Meine Banknachbarn

Das habe ich gelernt

① Schneide beide Vorlagen an den Schneidelinien aus.

② Falte die Faltlinien nach hinten und klebe die Halterung auf dein Lapbook.

❸ **Schreibe auf die Schriftrolle, was du in Deutsch und Mathe während deiner Grundschulzeit gelernt hast. Worauf bist du besonders stolz?**

❹ **Ergänze weitere Fächer.**

⑤ Rolle die Schriftrolle zu einer Röhre zusammen und stecke sie in die Halterung.

(Klebefläche Lapbook)

Das habe ich gelernt ...

(Klebefläche Lapbook)

Das habe ich gelernt

... in Mathe:

... in Deutsch:

... in ....:

... in ....:

© Verlag an der Ruhr | Autorin: Doreen Blumhagen | ISBN 978-3-8346-3580-8 | www.verlagruhr.de

Meine Klasse

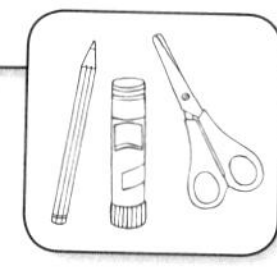

① Schneide die Vorlage an der Schneidelinie aus.

② Falte die beiden Klappen an den Faltlinien nach hinten.

❸ Klebe in die Klappe ein Klassenfoto.

❹ Schreibe auf die Innenseiten der Klappen die Namen deiner Mitschüler in der Reihenfolge, wie sie auf dem Foto abgebildet sind.

⑤ Verschließe die Klappen. Schiebe dazu eine Klappe unter die andere. Beide Dreiecke müssen oben liegen.

⑥ Klebe das Klapp-Buch mit der Rückseite auf dein Lapbook.

Meine Zeit in der Betreuung

Meine Zeit in der Betreuung

(Klebefläche Lapbook)

Meine Erzieher hießen:

In dieser Zeit war ich in der Betreuung:

Meine Lieblingsbeschäftigung:

Das fand ich besonders toll:

Unsere schönste Feier:

Mein schönster Ferienausflug:

① Schneide die Vorlage aus. Schneide sie an der Schneidelinie ein.

② Falte die beiden Klappen an der Faltlinie nach hinten.

③ Klappe nun das Buch zusammen. Die Titelseite muss oben liegen.

❹ **Ergänze den Steckbrief über deine Betreuungszeit und deine Erzieher.**

❺ **Gestalte die leeren Klappen. Du kannst zum Beispiel:**

- **von einem Erlebnis erzählen,**
- **deine Erzieherin/deinen Erzieher zeichnen,**
- **ein Gedicht über diese Zeit dichten.**

⑥ Klebe das Minibuch mit der Rückseite auf dein Lapbook.

Meine Ziele für das neue Schuljahr

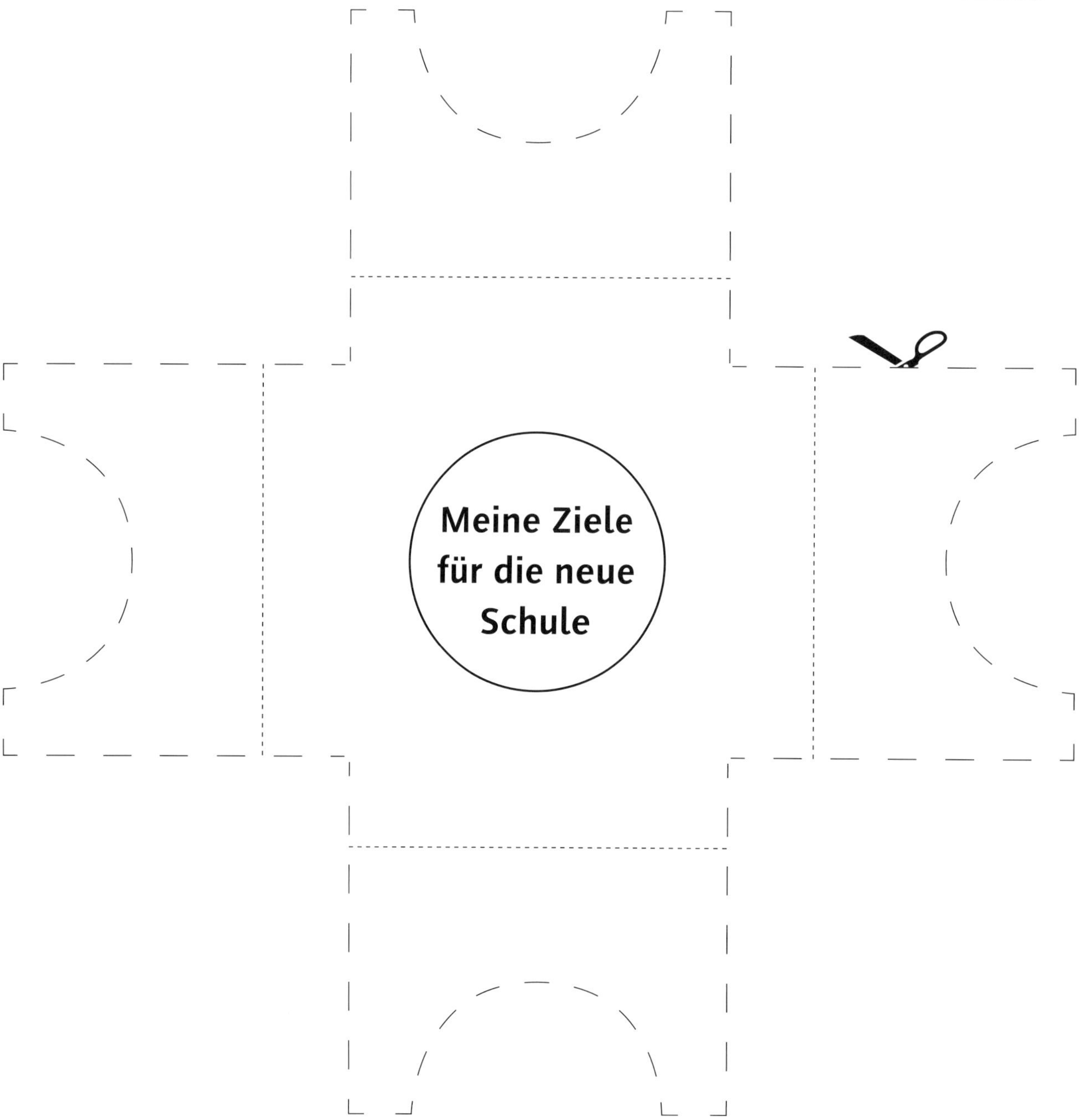

① Schneide die Vorlage an der Schneidelinie aus.

② Falte die Klappen nacheinander an der Faltlinie nach innen.

❸ **Überlege dir, welche Ziele du dir für das kommende Schuljahr vornehmen möchtest. Schreibe dazu je einen der Bereiche auf die Außenklappe: Lernen, Freunde, Hausaufgaben, Noten, Fächer. Du kannst dir auch etwas Eigenes ausdenken. Schreibe unter die Klappen, was du in diesem Bereich erreichen möchtest.**

④ Klebe das Minibuch mit der Rückseite auf dein Lapbook.

So fühle ich mich

Wenn ich an meine Grundschulzeit denke, bin ich ...

Seite 2

weil ...

traurig

Seite 3

weil ...

froh

Seite 4

weil ...

Seite 5

weil ...

1. Schneide alle Vorlagen aus.
2. Lege die Seiten in der richtigen Reihenfolge aufeinander. Beginne mit Seite 5. Lege darauf Seite 4 ... Die Titelseite ist oben.
3. Hefte alle Seiten mit einem Heftgerät zusammen.
4. **Blicke zurück auf deine Grundschulzeit. Was macht dich traurig oder froh, wenn du daran denkst? Begründe.**
5. **Überlege dir zwei weitere Gefühle und gestalte dazu die beiden leeren Seiten (zum Beispiel enttäuscht, glücklich, wütend, erleichtert ...).**
6. Klebe das Minibuch mit der Rückseite auf dein Lapbook.

© Verlag an der Ruhr | Autorin: Doreen Blumhagen | ISBN 978-3-8346-3580-8 | www.verlagruhr.de

Interview mit mir

Interview über meine Grundschulzeit

Was war das Netteste, das jemand für mich gemacht hat?

Wo war mein Lieblingsplatz im Klassenzimmer? Warum?

Was war für mich zuerst besonders schwer und wurde dann leichter?

Wie habe ich meinen Klassenkameraden geholfen?

Welche Person hat mich am meisten beeindruckt? Warum?

Was würde ich ändern, wenn ich noch einmal in die Grundschule kommen würde?

Woran werde ich mein Leben lang denken?

Welchen Rat würde ich einem Schulanfänger geben?

Was möchte ich am liebsten für immer vergessen?

① Schneide die Karten an den Schneidelinien aus.

② Lege alle Karten übereinander. Die Titelseite muss oben liegen.

③ Stich den Kreis mit einem spitzen Bleistift oder einer Schere ein.

④ Verbinde alle Karten mit einer Musterklammer.

❺ Schreibe deine Antworten auf die Rückseiten der Karten.

⑥ Klebe das Minibuch mit der Rückseite auf dein Lapbook.

Meine Zukunft

1. Schneide alle Vorlagen aus.
2. Lege alle Kugeln auf die ganze Kristallkugel. Die Kugel mit der Überschrift „Meine Zukunft“ muss oben liegen.
3. Verbinde alle Kugeln an dem Strich mit einem Heftgerät.
4. Überlege, wie du dir deine Zukunft in zwanzig Jahren vorstellst. Ergänze dazu die Lückentexte.
5. Klebe die Kristallkugel mit der Rückseite in dein Lapbook.

Zuhause:

Ich möchte in

....

wohnen.

Mein größter Wunsch:

Ich möchte …

Finanzen:

Ich möchte

.... Euro

im Monat verdienen.

Familie:

Ich möchte verheiratet/

nicht verheiratet sein.

Ich möchte

.... Kinder haben

Meine Zukunft

Beruf:

Ich möchte einmal

....

werden.

Medientipps

Blumhagen, Doreen:
Mein „Das bin ich!"-Lapbook.
Verlag an der Ruhr, 2016.
ISBN 978-3-8346-3117-6

Blumhagen, Doreen:
Mein Weihnachts-Lapbook.
Verlag an der Ruhr, 2016.
ISBN 978-3-8346-3199-2

Göth, Martin; Weininger, Paul:
Kindergottesdienste für Kindergarten- und Schulfeste.
Don Bosco, 2014.
ISBN 978-3-7698-2048-5

Grabe, Astrid; Mucha, Andrea:
Von Schulanfang bis Abschiedsfeier.
Verlag an der Ruhr, 2007.
ISBN 978-3-8346-0248-0

Lurz, Dominique; Scherrer, Barbara:
111 Ideen für selbstständiges Präsentieren.
Verlag an der Ruhr, 2013.
ISBN 978-3-8346-2430-7

Mithra, Salome P.:
Klasse präsentiert!
Verlag an der Ruhr, 2013.
ISBN 978-3-8346-2436-9

Sander, Manon:
Abschied von der Grundschule – kinderleicht!
Auer, 2010.
ISBN 978-3-403-06569-2

Schrader, Heike; Schnelle, Frigga:
Mini-Musicals mit Pfiff, m. Audio-CD.
Schott, 2008.
ISBN 978-3-7957-0437-7